Mars
Mars
Mars
Mars

C'est en 1932 que Forrest Mars crée la légendaire barre MARS®, selon l'idée de son père Frank : retrouver la saveur d'un milkshake malté dans une barre chocolatée, plus pratique à emporter.

MARS® va dès lors révolutionner le monde du chocolat. En effet, grâce à cette innovation, le chocolat devient enfin accessible à tous et consommable en toute occasion.

C'est lors du débarquement de 1944 que les français découvrent les barres MARS®, qui font partie des rations des Gi's. MARS® sera ensuite commercialisé en France en 1951.

MARS® devient très vite populaire avec son fameux slogan « Un coup de barre ? MARS® et ça repart ! », lancé en 1967.

Depuis, MARS® n'a cessé de nous régaler avec sa recette unique : un délicieux cœur fondant nougaté, nappé d'une fine couche de caramel onctueux, le tout enrobé d'un chocolat 100 % pur beurre de cacao.

MARS®, c'est aussi un produit « Made in France » : les barres MARS® vendues en France sont produites en Alsace, à Haguenau, depuis 1974.

Chez MARS®, nous pensons que le plaisir fait partie intégrante d'une vie saine et agréable. C'est pour cela que nous œuvrons afin qu'équilibre et plaisir soient au cœur de nos produits. En effet, les aliments plaisirs peuvent être consommés dans le cadre d'une alimentation équilibrée et d'un mode de vie sain.

Ce livre a été créé dans cet état d'esprit.

Bonne dégustation !

Le petit livre

MARS®

Recettes et photos
Ilona Chovancova

marabout

SOMMAIRE

10

34

Mars
24

26

36

32

18

60

62

KIT CRÈME

CRÈME CHANTILLY AU MARS®

20 cl de crème liquide (30 % de MG), 1 barre de MARS® coupée en morceaux

Placer un saladier, les fouets du batteur et la crème liquide au congélateur pendant 10 minutes. Dans une casserole, mettre les morceaux de MARS® avec la crème liquide et faire fondre à feu doux. Laisser tiédir. Verser la crème dans le saladier et la fouetter jusqu'à ce qu'elle devienne crémeuse et forme des pics. Arrêter lorsqu'elle tient au fouet. Incorporer délicatement le MARS® fondu et mélanger.

CRÈME MASCARPONE

1 barre de MARS® coupée en morceaux, 1 cuillerée à soupe de crème liquide, 200 g de mascarpone à température ambiante

Dans une casserole, mettre les morceaux de MARS® avec la crème liquide et faire fondre à feu doux. Laisser tiédir. Fouetter le mascarpone à l'aide d'un batteur électrique pour l'aérer et incorporer le MARS® fondu et mélanger.

SAUCE MARS®

1 barre de MARS® coupée en morceaux, 1 cuillerée à soupe de crème liquide, 150 g de fromage frais à température ambiante, yaourt grecque, yaourt nature, fromage blanc, petit-suisse glacé

Dans une casserole, mettre les morceaux de MARS® avec la crème liquide et faire fondre à feu doux. Servir les produits laitiers nappés de sauce MARS®.

KIT SUCETTES

POUR 7 SUCETTES ENVIRONS

SUCETTES MOELLEUSES

1 barre de MARS® coupée en morceaux, 1 cuillerée à soupe de crème liquide, 100 g de gâteaux (pain d'épices, gâteau au chocolat, gâteau au yaourt, brioche...)

Dans une casserole, mettre les morceaux de MARS® avec la crème liquide et faire fondre à feu doux. Emietter le gâteau puis ajouter le MARS® fondu. Bien mélanger puis former des boules. Les déposer sur du papier sulfurisé et les laisser prendre 10 minutes au congélateur. Piquer les boules avec un pic en bois. Il est possible de les enrober de chocolat fondu et les décorer avec du sucre ou billes colorés.

SUCETTES CRAQUANTES

1 barre de MARS® coupée en morceaux, 1 cuillerée à soupe de crème liquide, 60 g de biscuits (crêpes dentelles, gâteaux secs, meringue)

Dans une casserole, mettre les morceaux de MARS® avec la crème liquide et faire fondre à feu doux. Mixer grossièrement les biscuits puis ajouter le MARS® fondu, bien mélanger puis former des boules. Les déposer sur du papier sulfurisé et les laisser prendre 10 minutes au congélateur. Piquer les boules avec un pic en bois. Il est possible de les enrober de chocolat fondu et les décorer avec du sucre ou billes colorés.

SUCETTES AUX FRUITS SECS

50 g de fruits secs au choix (abricots, raisins secs, pruneaux...), 50 g de cerneaux de noix (ou de pistaches, noisettes, amandes...), ½ barre de MARS®

Mixer les fruits secs et les cerneaux de noix. Couper la barre de MARS® en morceaux. Mélanger tous les ingrédients ensemble. Former des boules puis les piquer avec un pic en bois.

CROQUE-MONSIEUR MARS®

5 MIN DE PRÉPARATION – 10 À 12 MIN DE CUISSON

POUR 4 PERSONNES

2 barres de MARS®

1 cuillerée à café
de crème liquide

8 tranches de brioche
ou de pain de mie

20 g de beurre

1- Préchauffer le four à 180 °C.
2- Dans une casserole, faire fondre à feu doux 1 barre de MARS® avec la crème liquide.
3- Couper la seconde barre de MARS® en petits morceaux.
4- Tartiner 4 tranches de brioche avec le MARS® fondu, puis disposer dessus les morceaux de MARS®. Recouvrir chaque tartine avec le reste des tranches de brioche.
5- Beurrer le dessus de chaque tartine puis déposer les croques sur la plaque du four garnie de papier sulfurisé et enfourner pour 10 à 12 minutes. Servir bien chaud.

SUCETTES DE MARS®

10 MIN DE PRÉPARATION – 10 MIN DE RÉFRIGÉRATION

POUR 10 SUCETTES

2 barres de MARS®

1 cuillerée à soupe de crème liquide

50 g d'amandes grossièrement concassées

20 g de pistaches grossièrement concassées

10 tiges de gressins

1- Couper les barres de MARS® en petits morceaux.
2- Dans une casserole, mettre les morceaux de MARS® avec la crème liquide et faire fondre à feu doux. Ajouter la moitié des amandes et des pistaches. Bien mélanger.
3- Tremper délicatement les tiges de gressins dans la préparation en essayant de les enrober au maximum. Faire attention car la tige se casse facilement.
4- Les déposer sur du papier sulfurisé et parsemer la surface avec le reste d'amandes concassées. Laisser durcir 10 minutes au congélateur.
5- Juste avant de les servir, décoller les sucettes une à une à l'aide d'un couteau, puis les rouler sur elles-mêmes et les saupoudrer d'un peu d'amandes et de pistaches.

TARTINES BRIOCHÉES

10 MIN DE PRÉPARATION – 12 À 15 MIN DE CUISSON

POUR 4 PERSONNES

8 tranches de brioche ou de pain de mie

3 barres de MARS®

300 g de fraises fraîches

1 banane

4 cuillerées à soupe de cassonade

1- Préchauffer le four à 180 °C.
2- Toaster les tranches de brioche.
3- Hacher finement les barres de MARS® puis en parsemer les tranches de brioche.
4- Equeuter les fraises et les couper en deux. Couper la banane en rondelles.
5- Répartir les fraises et les rondelles de banane sur les tranches de brioche puis saupoudrer de cassonade. Enfourner les tartines pendant 12 à 15 minutes. Servir tiède.

BARRES MUESLI

10 MIN DE PRÉPARATION – 30 MIN DE CUISSON`

POUR 10 À 12 BARRES

3 barres de MARS® coupées en morceaux

250 g de flocons d'avoine

100 g d'abricots secs, hachés

150 g d'écorces d'orange confite

50 g de noisettes hachées grossièrement

1 ½ boîte de lait concentré sucré

1- Préchauffer le four à 180 °C.

2- Tapisser de papier sulfurisé un plat allant au four. Mélanger les morceaux de MARS® avec tous les ingrédients secs dans un saladier, puis les étaler dans le plat.

3- Verser le lait concentré sur toute la surface et bien tasser, sans mélanger. Les ingrédients secs doivent être bien recouverts par le lait concentré, aussi il ne faut pas hésiter à en ajouter un peu si nécessaire.

4- Enfourner et laisser cuire pendant 30 minutes. À la sortie du four, laisser refroidir avant de découper en barres.

BARRES CROQUANTES AUX NOIX GLAÇAGE AU MARS®

10 MIN DE PRÉPARATION – 50 MIN DE CUISSON

POUR 4 PERSONNES

250 g de sucre glace

250 g de poudre de noix

1 blanc d'œuf

3 barres de MARS®

1 cuillerée à café
de crème liquide

1- Préchauffer le four à 120 °C.
2- Dans un saladier, mélanger le sucre avec la poudre de noix et le blanc d'œuf mousseux détendu à la fourchette. Travailler la pâte pendant quelques minutes.
3- Étaler la pâte entre deux feuilles de papier sulfurisé découpées en forme de rectangle.
4- Déposer la pâte sur la plaque du four tapissée de papier sulfurisé. Enfourner et faire cuire lentement au four pendant 50 minutes.
5- Couper les barres de MARS® en petits morceaux puis les mettre dans une casserole. Ajouter la crème liquide et faire fondre à feu doux. Bien mélanger.
6- À la sortie du four, couper le rectangle en petits morceaux. Laisser refroidir.
7- Étaler sur chaque biscuit un peu de glaçage et laisser prendre à température ambiante pendant 20 minutes.

Mars
Mars
Mars

COOKIES AUX CÉRÉALES, NOISETTES & MORCEAUX DE MARS®

15 MIN DE PRÉPARATION – 12 MIN DE CUISSON

POUR 50 COOKIES

125 g de beurre mou

150 g de cassonade

60 g de sucre en poudre

2 œufs

160 g de farine

200 g de flocons d'avoine

125 g de noisettes grossièrement hachées

100 g de cranberries

2 barres de MARS® coupées en morceaux

1 pincée de sel

1 cuillerée à café de levure chimique

1- Préchauffer le four à 160 °C.
2- Travailler le beurre et les sucres dans un saladier jusqu'à ce que le mélange devienne mousseux. Ajouter les œufs et mélanger de nouveau.
3- Incorporer délicatement la farine, les flocons d'avoine, les noisettes, les cranberries, les morceaux de MARS®, le sel et la levure chimique. Mélanger le tout afin d'obtenir une pâte souple et homogène.
4- À l'aide d'une cuillère à café, former des petits tas de pâte et les déposer sur la plaque du four tapissée de papier sulfurisé. Enfourner et laisser cuire au four pendant 12 minutes.

SHORTBREAD

15 MIN DE PRÉPARATION – 30 MIN DE CUISSON

POUR 16 SHORTBREAD

200 g de beurre demi-sel mou

250 g de farine

100 g de sucre en poudre

3 barres de MARS®
coupées en petits morceaux

1- Préchauffer le four à 160 °C.
Dans un saladier, travailler avec les doigts le beurre, la farine et le sucre afin d'obtenir une pâte homogène. Incorporer les morceaux de MARS®. Réserver 15 minutes au réfrigérateur.

2- Tapisser un moule rectangulaire de papier sulfurisé puis ajouter la pâte par petites quantités en la pressant dans le fond du moule. Lisser la surface avec le dos d'une cuillère trempée dans l'eau.

3- Enfourner et laisser cuire pendant 30 minutes. À la sortie du four, découper des carrés ou des rectangles.

PALMIERS FOURRÉS AU MARS®

15 MIN DE PRÉPARATION – 12 À 15 MIN DE CUISSON

POUR 20 PALMIERS

3 ou 4 barres de MARS® coupées en morceaux

2 cuillerées à soupe de crème liquide (30 % de MG)

100 g de noix mixées

1 pâte feuilletée

1- Préchauffer le four à 180 °C.

2- Dans une casserole, mettre les morceaux de MARS® avec la crème liquide et faire fondre à feu doux. Ajouter les noix et bien mélanger.

3- Étaler la préparation sur la pâte feuilletée. Rouler les deux bords extérieurs vers le milieu jusqu'à ce qu'ils se rejoignent. Envelopper de film alimentaire et déposer le rouleau au congélateur pendant 20 minutes.

4- Sortir le rouleau du congélateur, enlever le film alimentaire et découper des tranches de 0,5 cm d'épaisseur sans les écraser.

5- Déposer les palmiers sur la plaque de four tapissée de papier sulfurisé. Enfourner pendant 12 à 15 minutes. Avant de servir, parsemer de noix concassées.

CHAUSSONS AUX POMMES & MARS®

10 MIN DE PRÉPARATION – 15 MIN DE CUISSON

POUR 4 CHAUSSONS

1 pâte feuilletée

200 g de compote de pommes

2 barres de MARS® coupées en morceaux

1 jaune d'œuf

1 cuillerée à soupe de lait

1- Préchauffer le four à 200 °C.
2- À l'aide d'un emporte-pièce de 11 cm de diamètre, découper 4 cercles de pâte feuilletée identiques. Les allonger un peu avec le rouleau à pâtisserie.
3- Déposer dans la moitié de chaque disque 1 ou 2 cuillerées à soupe de compote de pommes et parsemer de morceaux de MARS®.
4- À l'aide d'un pinceau, humidifier les bords des cercles avec de l'eau. Replier le cercle de façon à former une demi-lune et presser les bords pour bien les souder.
5- Déposer les chaussons sur une plaque recouverte de papier sulfurisé.
6- Battre le jaune d'œuf avec le lait. À l'aide d'un pinceau, dorer les chaussons sans faire couler de dorure sur les bords. Avec la pointe d'un couteau, dessiner une rosace sur le dessus.
7- Enfourner et laisser cuire 10 minutes environ puis baisser le four à 180 °C et continuer à cuire 5 minutes. Déguster tiède.

Mars

RIZ AU LAIT, SAUCE MARS®

5 MIN DE PRÉPARATION – 35 MIN DE CUISSON

POUR 4 PERSONNES

1 l de lait demi-écrémé

125 g de riz rond

50 g de sucre

1 gousse de vanille

50 g de mascarpone

2 barres de MARS® coupées en morceaux

1 cuillerée à soupe de crème liquide

50 g d'écorce d'orange confite

1- Fendre la gousse de vanille en deux dans la longueur et, à l'aide d'un couteau, récupérer les graines.
2- Rincer le riz sous l'eau froide.
3- Dans une casserole à fond épais, verser le lait et ajouter les graines ainsi que la gousse de vanille. Porter à ébullition, puis verser le riz en pluie, ajouter le sucre, couvrir la casserole et faire cuire à feu très doux pendant 25 minutes environ, en surveillant de temps en temps la cuisson. Continuer la cuisson pendant 10 minutes à découvert.
4- Hors du feu, ajouter petit à petit la mascarpone tout en fouettant. Dresser dans les assiettes creuses.
5- Dans une casserole, mettre les morceaux de MARS® et la crème liquide et faire fondre à feu doux.
6- Napper le riz au lait de MARS® fondu et décorer avec les écorces d'orange confites. Servir tiède.

Mars

PUDDING DE RIZ AUX PÊCHES & MARS®

5 MIN DE PRÉPARATION – 1 H 10 DE CUISSON

POUR 4 À 6 PERSONNES

1 gousse de vanille

250 g de riz rond

1,5 litre de lait entier (ou demi-écrémé)

80 g de sucre en poudre + 50 g pour le caramel

4 jaunes d'œufs

400 g de pêches au sirop

2 barres de MARS® coupées en morceaux

1- Préchauffer le four à 180 °C.

2- Fendre la gousse de vanille en deux dans la longueur et, à l'aide d'un couteau, récupérer les graines.

3- Rincer le riz sous l'eau froide.

4- Dans une casserole à fond épais, verser le lait et ajouter les graines ainsi que la gousse de vanille. Porter à ébullition puis verser le riz en pluie, ajouter le sucre et faire cuire à feu très doux pendant 25 minutes environ, en surveillant de temps en temps la cuisson. Continuer la cuisson pendant 10 minutes à découvert. Ôter la gousse de vanille.

5- Hors du feu, ajouter les jaunes d'œufs et bien mélanger. À la fin, incorporer délicatement les pêches coupées en morceaux ainsi que les morceaux de MARS®.

6- Dans une casserole à fond épais, faire chauffer 50 g de sucre avec 3 cuillerées à soupe d'eau jusqu'à ce qu'il prenne une couleur dorée.

7- Verser le caramel dans un moule à manqué à bord haut cannelé et en tapisser le fond et les parois. Verser le riz au lait, enfourner et laisser cuire 30 minutes. Laisser refroidir puis démouler.

Mars

COMPOTE DE POMMES & POIRES VANILLÉES, MARS® FONDU

10 MIN DE PRÉPARATION – 50 MIN DE CUISSON

POUR 4 À 6 PERSONNES

1 kg de pommes (de préférence reinette ou boskoop)

2 poires

quelques gouttes de jus de citron

1 gousse de vanille

20 g de beurre

60 g de sucre en poudre

2 barres de MARS®

2 cuillerées à soupe de crème liquide (30 % de MG)

1- Éplucher les pommes et les poires, ôter leur cœur, les pépins puis les couper en morceaux.

2- Les arroser de quelques gouttes de jus de citron et bien mélanger.

3- Couper la gousse de vanille en deux dans le sens de la longueur, récupérer les graines et les ajouter aux fruits.

4- Dans une casserole, faire fondre le beurre, ajouter le sucre et laisser caraméliser pendant 2 minutes. Ajouter les fruits coupés en morceaux, la gousse de vanille, 10 cl d'eau et faire cuire à feu doux pendant 45 minutes. Surveiller la cuisson et, si besoin, ajouter un peu d'eau. La cuisson est terminée lorsque les fruits sont fondants.

5- Écraser la compote avec une fourchette ou la passer au mixeur.

6- Dans une casserole, faire fondre les morceaux de MARS® avec la crème liquide à feu doux.

7- Répartir la compote dans des petits bols et recouvrir de MARS® fondu. Déguster tiède.

Mars

GÂTEAU À LA CRÈME, MYRTILLES & MARS® FONDU

15 MIN DE PRÉPARATION – 25 MIN DE CUISSON

POUR 6 À 8 PERSONNES

3 œufs

150 g de sucre en poudre

250 g de farine

une pincée de sel

le zeste d'un citron

3 cuillerées à café de levure chimique

20 cl de crème liquide (30 % de MG)

200 g de myrtilles

2 barres de MARS®

2 cuillerées à soupe de crème liquide

1- Préchauffer le four à 180 °C.

2- Dans un saladier, battre les œufs avec le sucre jusqu'à ce que le mélange devienne mousseux. Ajouter la farine tamisée, le sel, le zeste du citron et la levure chimique. Verser les 20 cl de crème liquide et bien mélanger.

3- Verser dans un moule préalablement beurré et fariné ou tapissé de papier sulfurisé. Parsemer de myrtilles.

4- Dans une casserole, mettre les morceaux de MARS® avec la crème liquide et faire fondre à feu doux. À l'aide d'une cuillère à soupe, tacher irrégulièrement le dessus du gâteau avec ce mélange. Enfourner et faire cuire 25 à 30 minutes. Vérifier la cuisson avec la pointe d'un couteau : elle doit en ressortir sèche.

PETITES BARQUETTES AU MARS®

15 MIN DE PRÉPARATION – 10 À 12 MIN DE CUISSON

POUR 24 BARQUETTES

4 œufs

100 g de sucre en poudre

100 g de farine

1 pincée de sel

le zeste d'un citron

1 barre de MARS® coupée en morceaux

1 cuillerée à café de crème liquide

1- Préchauffer le four à 180 °C.

2- Séparer les jaunes d'œufs des blancs et les fouetter avec le sucre jusqu'à ce que le mélange blanchisse et devienne mousseux. Verser la farine tamisée et mélanger délicatement.

3- Monter les blancs d'œufs en neige ferme avec le sel et les incorporer au mélange précédent. Ajouter le zeste du citron et mélanger.

4- Beurrer soigneusement les moules à barquettes et y verser la pâte.

5- Enfourner et faire cuire 10 à 12 minutes. À la sortie du four, à l'aide du manche d'une spatule en bois, former des creux au milieu des barquettes. Démouler lorsque les barquettes ont refroidi.

6- Dans une casserole, mettre les morceaux de MARS® avec la crème liquide et faire fondre à feu doux. Remplir les empreintes de MARS® fondu.

PAINS D'ÉPICES, GLAÇAGE AU MARS®

10 MIN DE PRÉPARATION – 50 À 60 MIN DE CUISSON

POUR 6 À 8 PERSONNES

2 œufs

20 cl d'huile

25 cl de lait

3 grandes cuillerées à soupe de confiture d'oranges amères ou de la confiture de quetsches

6 grandes cuillerées à soupe de miel

150 g de farine de seigle

150 g de farine blanche

3 cuillerées à café de quatre-épices

100 g de cerneaux de noix grossièrement concassés

1 sachet de levure chimique

2 barres de MARS® coupées en morceaux

1 cuillerée à café de crème liquide

1- Préchauffer le four à 160 °C.

2- Dans un grand saladier, mélanger les œufs avec le lait, l'huile, la confiture et le miel. Ajouter les deux farines tamisées, les épices, les cerneaux de noix et la levure chimique. Mélanger.

3- Verser dans un moule préalablement beurré et fariné ou tapissé de papier sulfurisé.

4- Enfourner et faire cuire 50 à 60 minutes.

5- Dans une casserole, mettre les morceaux de MARS® avec la crème liquide et faire fondre à feu doux.

6- Au moment de servir, napper le dessus du pain d'épice de MARS® fondu. Servir avec une bonne cuillerée à soupe de crème fraîche.

MUFFINS À LA CAROTTE & AU MARS®

20 MIN DE PRÉPARATION – 25 MIN DE CUISSON

POUR 10 MUFFINS

250 g de carottes

125 g de farine

50 g de cerneaux de noix grossièrement concassés

1 cuillerée à soupe de poudre de cacao non sucré

1 pincée de sel

2 cuillerées à café de levure chimique

100 g de sucre vergeoise

2 œufs

12 cl d'huile

2 barres de MARS®

1 cuillerée à soupe de crème liquide (30 % de MG)

200 g de fromage frais à température ambiante

1- Préchauffer le four à 180 °C.

2- Eplucher les carottes, les laver et les râper finement.

3- Dans un grand saladier, mélanger la farine, les carottes râpées, les noix, le cacao tamisé, le sel, la levure chimique et le sucre.

4- Dans un autre saladier, fouetter les œufs et verser l'huile en filet afin d'obtenir un mélange épais qui ressemble un peu à une mayonnaise. Verser ce mélange dans le premier saladier. Bien mélanger.

5- Verser la pâte aux deux tiers dans des moules à muffins garnis de caissettes en papier.

6- Enfourner et faire cuire 25 minutes. Laisser refroidir.

7- Pendant la cuisson, préparer la crème au MARS® : dans une casserole, mettre les morceaux de MARS® avec la crème liquide et faire fondre à feu doux.

8- Fouetter le fromage frais pour le détendre puis ajouter les MARS® fondus. Bien mélanger afin d'obtenir une crème homogène.

9- Au moment de servir, napper le dessus des muffins avec la crème au MARS®.

Mars

TARTE MIRABELLES À L'ANCIENNE

20 MIN DE PRÉPARATION – 1 H DE REPOS – 35 À 40 MIN DE CUISSON

POUR 8 PERSONNES

PÂTE

250 g de farine

15 g de sucre en poudre

125 g de beurre

1 oeuf + 1 jaune
(pour la dorure)

1 pincée de sel

GARNITURE

300 g de mirabelles

300 g de quetsches

100 g de cassonade

3 barres de MARS®

2 cuillerées à soupe
de crème liquide

30 g de poudre
d'amandes

1 cuillerée à café
de cannelle moulue

1- Dans le bol d'un mixeur, mettre la farine, le sucre et le beurre. Mixer pendant quelques secondes pour sabler la pâte. Ajouter l'œuf, 1 cuillerée à soupe d'eau, le sel et travailler au mixeur 5 secondes supplémentaires. Verser la préparation sur un plan de travail, la rassembler rapidement en boule, puis réserver au réfrigérateur pendant au moins 1 heure. La sortir 10 minutes avant de la travailler.
2- Pendant ce temps, couper les mirabelles en deux et les dénoyauter. Les mettre dans un saladier et mélanger avec le sucre.
3- Préchauffer le four à 180 °C.
4- Étaler la pâte sur un plan de travail fariné ou sur du papier sulfurisé. Il faut obtenir un rond d'environ 26 cm de diamètre.
5- Dans une casserole, mettre les morceaux de MARS®, la crème liquide, la poudre d'amandes et faire fondre à feu doux.
6- Rabattre les bords de la pâte sur les fruits tout en laissant le cœur découvert et en la plissant pour ajuster la forme. Dorer le bord au jaune d'œuf à l'aide d'un pinceau à pâtisserie.
7- Enfourner et faire cuire pendant 35 à 40 minutes. Laisser refroidir avant de découper.

FONDANT AU CHOCOLAT & MARS®

15 MIN DE PRÉPARATION – 20 MIN DE CUISSON

POUR 8 PERSONNES

350 g de chocolat noir à 70 %

160 g de beurre

60 g de sucre glace

10 g de farine

5 œufs

1 pincée de sel

2 barres de MARS® coupées en morceaux

1- Préchauffer le four à 180 °C.

2- Faire fondre au bain-marie le chocolat préalablement cassé en morceaux avec le beurre. Lorsque le chocolat est fondu, bien mélanger et y ajouter le sucre et la farine. Séparer les jaunes des blancs d'œufs puis incorporer les jaunes d'œufs un à un dans ce mélange.

3- Monter les blancs d'œufs en neige assez ferme avec le sel. Les incorporer délicatement dans le mélange au chocolat.

4- Verser dans un moule préalablement tapissé de papier sulfurisé. Parsemer avec les morceaux de MARS®. Enfourner et faire cuire pendant 20 minutes. Laisser refroidir compètement et démouler. Servir bien froid accompagné d'une bonne cuillerée à soupe de crème fraîche.

CHEESE-CAKE TACHÉ

20 MIN DE PRÉPARATION – 1 H DE CUISSON

POUR 8 PERSONNES

150 g de spéculoos®

80 g de beurre fondu

350 g de fromage blanc entier

350 g de fromage frais

4 œufs

100 g de sucre en poudre

2 barres de MARS®

4 cuillerées à soupe de poudre de cacao non sucré

1- Préchauffer le four à 160 °C.

2- Mixer les biscuits et mélanger avec le beurre fondu. En tapisser le fond d'un moule à charnière puis bien tasser.

3- Battre ensemble le fromage blanc, le fromage frais, les œufs et le sucre. Il faut obtenir une crème homogène. Réserver 6 cuillères à soupe bien pleines de ce mélange qui serviront à la décoration.

4- Dans une casserole, mettre les morceaux de MARS®, la crème liquide et faire fondre à feu doux.

5- Ajouter les MARS® fondus et la poudre de cacao dans la préparation au fromage blanc.

6- Bien mélanger.

7- Verser ce mélange dans le moule et à l'aide d'une cuillère à soupe, tacher irrégulièrement le dessus du gâteau avec la crème blanche réservée. Enfourner et faire cuire pendant 1 heure. Le four éteint, laisser le cheese-cake à l'intérieur, la porte entrouverte pendant 1 heure. Laisser refroidir complètement hors du four avant de démouler.

MOUSSE AU MARS®

10 MIN DE PRÉPARATION – 2 H DE REPOS

POUR 4 PERSONNES

2 barres de MARS®
coupées en morceaux

2 cuillerées à soupe
de crème liquide

4 cuillerées à soupe
de cacao non sucré
en poudre

3 œufs

1 pincée de sel

copeaux de chocolat
(pour la décoration)

1- Dans une casserole, mettre les morceaux de MARS®, la crème liquide et faire fondre à feu doux. Réserver. Ajouter le cacao tamisé et bien mélanger afin d'obtenir une crème homogène.

2- Séparer les jaunes des blancs d'œufs. Monter les blancs d'œufs en neige ferme avec le sel.

3- Incorporer, dans un premier temps, un quart des blancs pour détendre le mélange au MARS®, puis verser le reste des blancs et les mélanger délicatement.

4- Dresser dans des verres ou dans des ramequins et mettre au réfrigérateur au minimum 2 heures avant de servir.

Au moment de servir, décorer avec des copeaux de chocolat.

TIRAMISU MINUTE

10 MIN DE PRÉPARATION

POUR 4 PERSONNES

SAUCE MARS®

3 barres de MARS®

2 cuillères à soupe de crème liquide

TIRAMISU

250 g de mascarpone

15 cl de crème liquide

1 cuillerée à soupe de sucre glace

20 biscuits à la cuillère

15 cl de café très fort, froid

FRUITS

250 g de fruits frais (fraises, framboises, myrtilles)

1- Dans une casserole, mettre les morceaux de MARS®, la crème liquide et faire fondre à feu doux. Réserver.
2- Mélanger le mascarpone avec la crème liquide et le sucre glace tout en fouettant.
3- Disposer 3 biscuits sur chaque assiette et les arroser avec 2 cuillerées à soupe de café.
4- Ajouter dessus une grande cuillerée à soupe de la préparation au mascarpone puis placer 2 autres biscuits et terminer par une seconde couche de mascarpone.
5- Napper de MARS® fondus et servir accompagné de fruits de saison.

BLANC MANGER AUX MARS®, PISTACHES & NOIX

20 MIN DE PRÉPARATION – 20 MIN DE CUISSON + 3 H DE REPOS

POUR 4 PERSONNES

BLANC MANGER

30 cl de lait d'amandes (dans les épiceries bio)

100 g de sucre en poudre

2 g d'agar-agar ou 4 feuilles de gélatine

20 cl de crème liquide froide (à 30 % de MG minimum)

2 gouttes d'extrait d'amandes amères

SAUCE MARS®

2 barres de MARS®
coupées en morceaux

2 cuillerées à soupe de crème liquide

PISTACHES ET NOIX

50 g de pistaches vertes grossièrement concassées

50 g de cerneaux de noix grossièrement concassés

1- Dans une casserole, verser le lait, ajouter le sucre et la poudre d'agar-agar puis porter à ébullition. Faire cuire 2 minutes à feu doux (il faut respecter le temps de cuisson sinon l'agar-agar ne prendra pas). Laisser refroidir.
2- Pendant ce temps, verser la crème liquide froide dans un saladier et la fouetter jusqu'à ce qu'elle devienne crémeuse et forme des pics. L'incorporer délicatement au lait d'amandes puis ajouter l'extrait d'amandes amères.
3- Verser dans des verres ou dans des ramequins puis placer au réfrigérateur et faire prendre pendant 1 heure.
4- Dans une casserole, mettre les morceaux de MARS®, la crème liquide et faire fondre à feu doux. Réserver.
5- Démouler les blancs manger sur une assiette et napper de sauce MARS®. Parsemer de pistaches et de noix.

CRÈME BRÛLÉE AU MARS®

5 MIN DE PRÉPARATION – 1 H DE CUISSON – 1 H DE REPOS

POUR 4 PERSONNES

6 gros jaunes d'œufs

30 g de sucre semoule

50 cl de crème fraîche

3 barres de MARS®

4 ou 5 cuillères à soupe de cassonade

1- Préchauffer le four à 100 °C.

2- Fouetter les jaunes et le sucre jusqu'à ce que le mélange blanchisse.

3- Dans une casserole, verser la crème fraîche et les barres de MARS® coupées en morceaux puis faire chauffer en remuant jusqu'au premier frémissement. Hors du feu, verser petit à petit la crème sur les œufs battus tout en fouettant.

4- Verser dans des ramequins et faire cuire au bain-marie pendant 1 heure.

5- Laisser refroidir puis réserver les ramequins 1 heure au réfrigérateur.

6- Couvrir toute la surface de chaque ramequin de cassonade puis les faire caraméliser sous le gril du four pendant 3 minutes.

Mars
Mars

BOUCHÉES CRUNCHY AU RIZ SOUFFLÉ COMME DES ÎLES FLOTTANTES

10 MIN DE PRÉPARATION

2 barres de MARS®
coupées en morceaux

1 cuillerée à soupe
de crème liquide

50 g de riz soufflé

crème anglaise

1- Dans une casserole, mettre les morceaux de MARS® avec la crème liquide et faire fondre à feu doux. Mélanger.
2- Mettre le riz soufflé dans un saladier puis ajouter les MARS® fondus. Mélanger délicatement.
3- À l'aide d'une cuillère à boules, réaliser des boules de riz soufflé et les disposer dans des assiettes creuses. Ajouter de la crème anglaise et déguster rapidement.

Mars

MILK-SHAKE GLACÉ

5 MIN DE PRÉPARATION

POUR 4 PERSONNES

1 l de lait demi-écrémé

4 barres de MARS® glacées

1 barre de MARS®

1- Dans le bol d'un mixeur, verser le lait, ajouter les barres glacées de MARS® puis mixer jusqu'à ce que le lait mousse.
2- Parsemer d'une barre de MARS® coupée en petits morceaux. Servir immédiatement.

CRUMBLE POMMES-BANANES & GROSEILLES

15 MIN DE PRÉPARATION – 30 À 35 MIN DE CUISSON

POUR 4 PERSONNES

80 g de beurre à température ambiante

40 g de sucre en poudre

100 g de farine

2 barres de MARS®

3 pommes de type reinette

2 bananes

100 g de groseilles ou d'airelles

1- Préchauffer le four à 180 °C.

2- Couper le beurre en morceaux, le mettre dans un saladier et y ajouter le sucre et la farine. Travailler rapidement du bout des doigts. Le mélange doit rester sableux.

3- Couper les barres de MARS® en petits morceaux et les ajouter délicatement au crumble.

4- Éplucher les pommes, les évider et les couper en morceaux. Éplucher les bananes et les couper en rondelles.

5- Verser tous les fruits dans un plat à gratin préalablement beurré. Recouvrir le tout avec le crumble. Enfourner et faire cuire pendant 30 à 35 minutes. Servir tiède.

TEMPURA DE MARS®

5 MIN DE PRÉPARATION – 5 MIN DE CUISSON – 30 MIN DE CONGÉLATION

POUR 4 PERSONNES

4 barres de MARS®

200 g de farine

25 cl de bière (ou de l'eau pétillante) froide

huile de friture

1- Réserver les barres de MARS® au congélateur pendant 30 minutes.

2- Dans un bol, mélanger la farine et la bière. Laisser reposer une dizaine de minutes.

3- Préchauffer l'huile de friture.

4- Tremper les barres de MARS® dans la pâte. Les faire frire dans l'huile pendant quelques minutes jusqu'à ce qu'elles soient dorées et croustillantes. Servir, accompagné de crème glacée à la vanille.

SALADE TIÈDE AUX FRUITS SÉCHÉS & MARS® GLACÉ

5 MIN DE PRÉPARATION – 2 H DE REPOS – 8 MIN DE CUISSON

POUR 4 PERSONNES

100 g de pommes séchées

100 g de pruneaux

100 g de poires séchées

50 g de raisins secs

100 g de cerneaux de noix

20 cl de thé fort aromatisé à la bergamote ou de thé vert

20 g de beurre

1 ananas Victoria coupé en cubes

2 ou 3 barres de MARS® glacées

1- Mettre tous les fruits secs dans un bol puis les couvrir avec le thé bien chaud.

2- Laisser mariner pendant 2 heures minimum, sinon pendant la nuit.

3- Dans une poêle, faire chauffer le beurre et y faire revenir les cubes d'ananas pendant 2 à 3 minutes. Lorsqu'ils commencent à colorer, ajouter les fruits secs avec la marinade et laisser mijoter à couvert pendant encore 3 à 5 minutes.

4- Dresser dans des assiettes creuses et au moment de servir, couper en morceaux les barres glacées de MARS® et les disposer sur la salade de fruits.

REMERCIEMENTS

Un grand merci à Marianne Magnier-Moreno

Shopping : Ilona Chovancova
Avec la collaboration de MARS®

Suivi éditorial : Marie-Eve Lebreton
Styliste culinaire : Marianne Magnier-Moreno
Relecture : Véronique Dussidour
Mise en pages : Gérard Lamarche

ISBN : 978-2-501-07604-3
4103503
Dépôt Légal : janvier 2012
Achevé d'imprimer en novembre 2011
sur les presses d'Impresia-Cayfosa en Espagne

Mars
Mars
Mars
Mars
Mars
Coeur

Mars
Mars
Mars
Mars
Mars
Mars